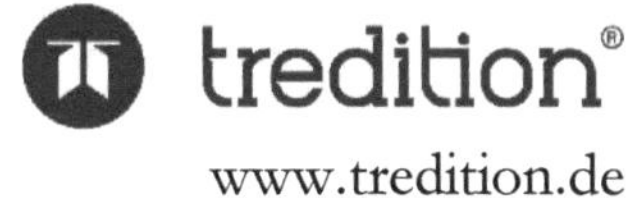

www.tredition.de

Xenia Hügel

Täter des Worts

Poetry ugandischer Frauen

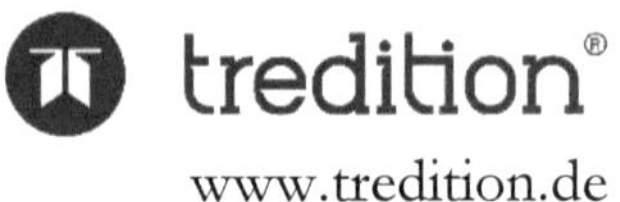
www.tredition.de

Verlag und Druck: tredition GmbH, Halenreie 40-44, 22359 Hamburg

ISBN
Paperback: 978-3-347-03587-4
Hardcover: 978-3-347-03588-1
e-Book: 978-3-347-03589-8

TÄTER DES WORTS

Poetry ugandischer Frauen

Ein Projekt von Sounds of Hope, Uganda, im Namen von
Xenia Hügel.

Ich danke allen Frauen für die Offenheit und ihre Texte,
danke an Sabrina Schnorr und Marina Zimmermann für
die Übersetzungen und ein großes Dankeschön an den Il-
lustrator Robin Auf der Mauer.

Dieses Buch ist ohne Lektorat entstanden und kann Fehler
enthalten.

Die Fotos sind privat entstanden.

Alle Einnahmen werden gespendet.

Danke.

978-3-347-03587-4 (Paperback)

978-3-347-03588-1 (Hardcover)

978-3-347-03589-8 (e-Book)

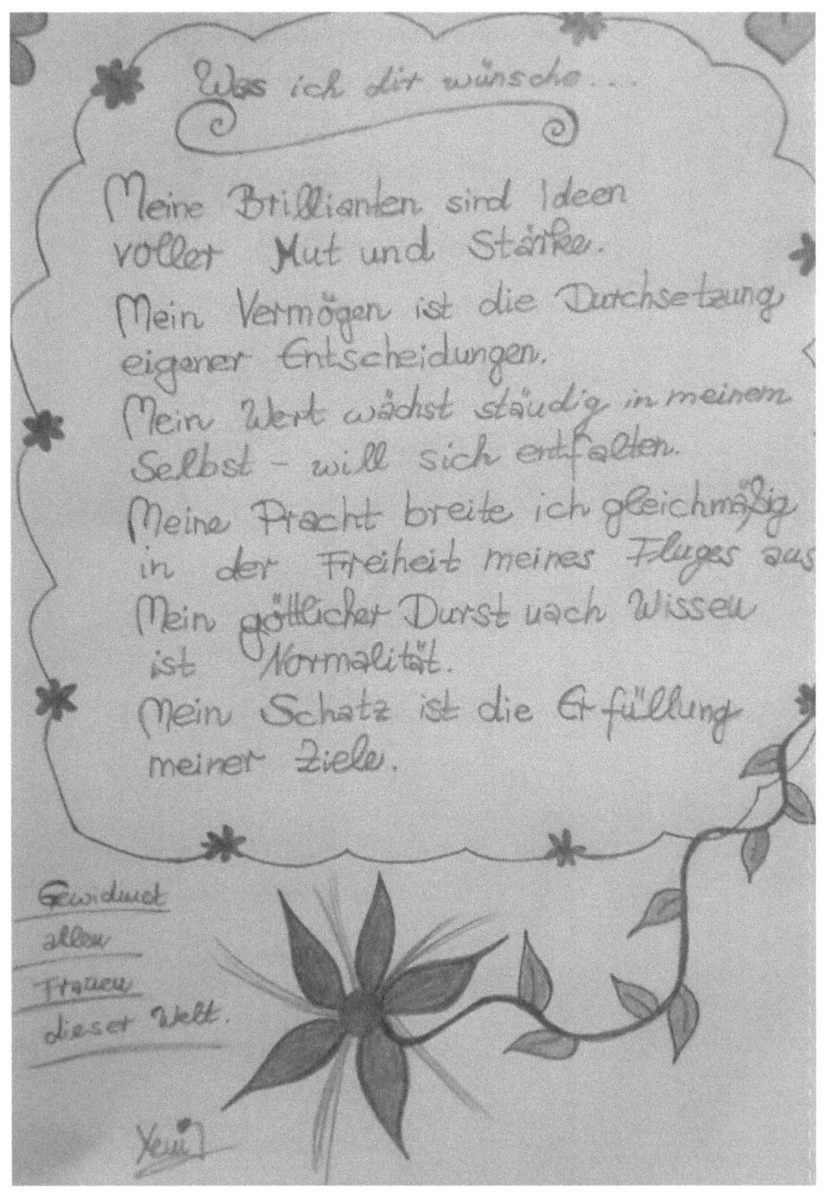

Was ich dir wünsche...

Meine Brillianten sind Ideen
voller Mut und Stärke.
Mein Vermögen ist die Durchsetzung
eigener Entscheidungen.
Mein Wert wächst ständig in meinem
Selbst - will sich entfalten.
Meine Pracht breite ich gleichmäßig
in der Freiheit meines Fluges aus
Mein göttlicher Durst nach Wissen
ist Normalität.
Mein Schatz ist die Erfüllung
meiner Ziele.

Gewidmet
allen
Frauen
dieser Welt.

Die Kultur einer afrikanischen Frau

Ich bin eine afrikanische Frau.

Ich bin stolz auf mein Erbe und meine Kultur,

die Kultur, in der man alles respektiert.

Ich liebe die afrikanische Art, sich zu kleiden.

Sich zu kleiden, als sei man die Königin Afrikas.

Ich bin eine afrikanische Frau.

Ich behaupte mich als Frau,

afrikanische Königin, exotische Schönheit.

Ich liebe die afrikanische Art, zu bauen.

Zu bauen, als sei es der Palast eines Königs.

Ich bin eine afrikanische Frau.

Und die afrikanische Kultur wäscht meine Seele rein –

den Platz, in dem alle Liebe wohnt.

Ich liebe die afrikanische Art zu tanzen.

Zu tanzen zu den wahren afrikanischen Klängen und
Trommeln.

Ich bin eine afrikanische Frau.

Voller Liebe und Barmherzigkeit für unsere Kultur.

Afrika ist erfüllt von verschiedenen Völkern.

Aber alle folgen der einen Kultur.

Oh, ich liebe die Kultur Afrikas.

Mädchen

Eltern! Etwas stimmt offensichtlich nicht.

Das, was unseren Mädchen wichtig ist,

passt nicht zu unserer Kultur und unseren Werten.

Stattdessen setzt es die Eltern unter Druck.

Eltern! Wem sollten wir dafür die Schuld geben?

Den Schulen? Den Politikern? Uns selbst?

Unangemessene Kleidung und vulgäre Sprache halten Ein-
zug,

wo Traditionen ignoriert und als altmodisch bezeichnet
werden.

Eltern! Sollten wir wirklich wegsehen,

wenn unsere Mädchen halbnackt herumlaufen?

Mit Sugar Daddys ihre Zeit verbringen

und schließlich in jungen Jahren an AIDS sterben?

Nein, nein! Eltern, lasst uns aufstehen

und unsere Mädchen führen und beraten.

Ihnen Schutz und angemessene Kleidung geben

und ihnen schulische, soziale und politische Bildung ver-
mitteln!

Menschenrechte

Manchmal frage ich mich, ob wir ohne Eltern geboren wurden.

Denn unsere Rechte werden von unseren Eltern verletzt,

indem sie uns freien Zugang zu Essen verwehren.

Denkt jedoch immer daran: Wir haben ein Recht auf Leben!

Manchmal frage ich mich, ob wir ohne Fortschritt geboren wurden.

Denn unsere Rechte werden auch auf unserem Lebensweg verletzt,

indem wir zu Handlungen gezwungen sind, die unsere Rechte verletzen.

Denkt jedoch immer daran: Wir haben ein Recht auf Fortschritt!

Manchmal frage ich mich, ob wir nie zur Schule gegangen sind.

Denn unsere Gefühle werden in der Schule verletzt,

indem die Lehrer uns körperlich züchtigen.

Denkt jedoch immer daran: Wir haben ein Recht auf Bildung!

Manchmal frage ich mich, ob all diese Menschen

jemals damit aufhören, unsere Rechte zu verletzen.

Wie glücklich könnten wir leben!

Lasst uns gemeinsam für unsere Menschenrechte kämpfen

und eine starke Nation erbauen!

Gründe für Schulabbrüche

Es gibt viele Gründe, die ein Mädchen dazu zwingen, die Schule zu verlassen.

Viele werden zu Hause schlecht behandelt.

Meistens beinhaltet die schlechte Behandlung Kinderarbeit.

Außerdem übt das Umfeld Druck aus.

Es gibt viele Gründe, die ein Mädchen dazu zwingen, die Schule zu verlassen.

Viele werden auch in der Schule schlecht behandelt.

Schlecht behandelt und hart bestraft.

Manchmal auch zu sehr von den Lehrern „geliebt".

Es gibt viele Gründe, die ein Mädchen dazu zwingen, die Schule zu verlassen.

Viele leben in einem schlechten Umfeld und eignen sich schlechte Gewohnheiten an.

Die Mädchen fangen an, Drogen zu nehmen, rauchen Marihuana.

Es gibt viele Gründe, die ein Mädchen dazu zwingen, die Schule zu verlassen.

Viele leben in so großer Armut, dass kaum ihre Grundbe-
dürfnisse gestillt werden.

All dies zwingt die Mädchen auf die Straße.

Und die Schule zu verlassen, scheint der einzige Ausweg.

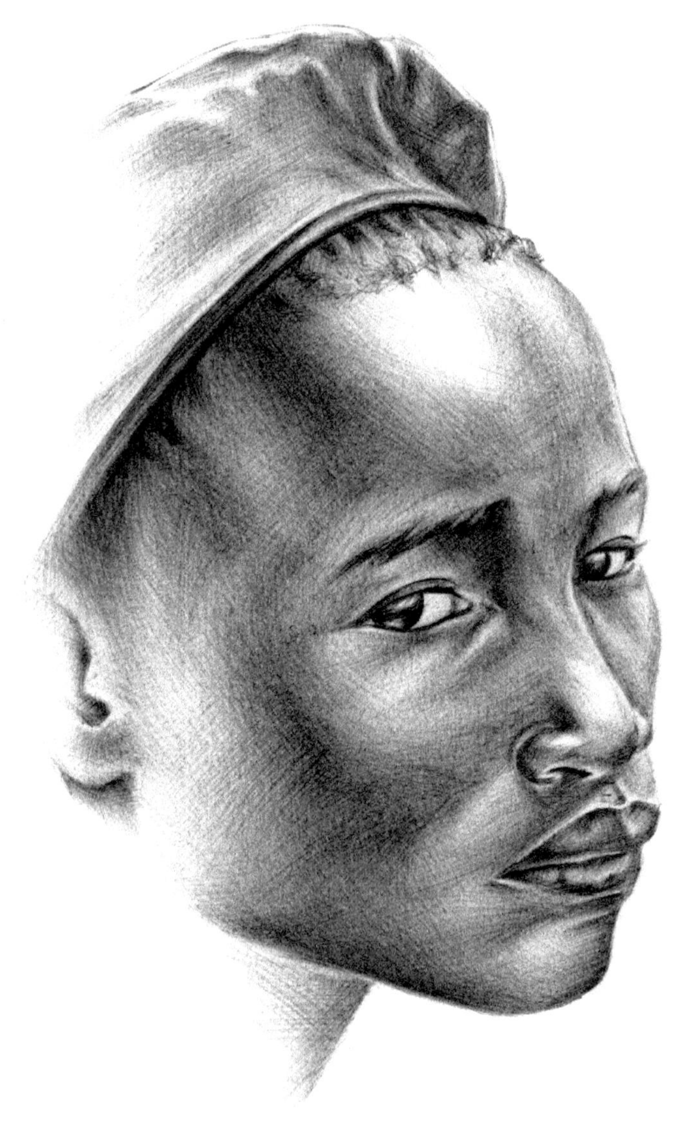

Menschenrechte II

Weine für meine Rechte!

Ich werde dich vor denen beschützen, die Menschenrechte verletzen.

Die Völker und Besitztümer zerstören.

Ich werde sie töten und opfern!

Weine für meine Rechte!

Ich werde gegen diejenigen ankämpfen, die die Menschenrechte missachten.

Die das Volk seiner Rechte berauben, wie das Recht zu leben und viele andere!

Weine für meine Rechte!

Ich werde die Menschen überall sensibilisieren, um die
Verletzung der Menschenrechte zu

reduzieren und zu stoppen. Sie dazu ermutigen, die Wich-
tigkeit der Menschenrechte anzuerkennen.

Weine für meine Rechte!

Ihr Menschen, die ihr uns unserer Grundrechte beraubt,
wie das Recht auf Fortschritt, das Recht auf

Essen und vor allem das Recht auf Sicherheit.

Wieso könnt Ihr uns nicht all unsere Rechte zusichern, so-
dass wir eine starke Generation

hervorbringen können?

Warum nur?

Ich wurde geboren und zurückgelassen auf dieser Erde,

dazu verdammt auf Schutt und Steine zu starren.

Keine Zuflucht oder Essen für mich

und nichts anzuziehen.

Ich arme afrikanische Frau weine!

Die Straßen sind mein Schlaf- und Wohnraum.

Auf Müllhalden messe ich mich mit Hunden und Geiern,

um die Reste der Reichen zu ergattern.

Ich hätte so nicht leben sollen,

aber die widrigen Umstände bringen alles durcheinander.

Ich eigne mir schlechte Gewohnheiten an, um meine
Sinne zu benebeln.

Ich ertrage all das, um zu überleben.

Oh, arme afrikanische Frau!

Warum nur, warum?

Kann mir denn niemand helfen, von der Straße wegzu-
kommen,

damit auch ich endlich ein Leben führe, das es wert ist,
gelebt zu werden?

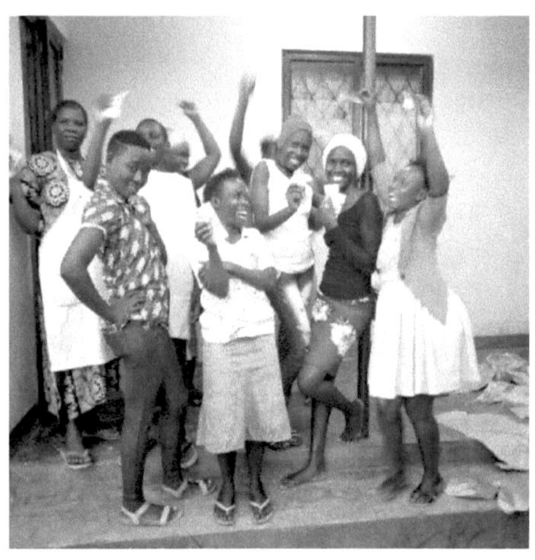

Die Herausforderungen eines Mädchens

Die schlimmste Nacht, die ich je hatte!

Die Nacht, in der es still wurde.

Die dunkelste, die ich je erlebte.

Die Nacht, in der ein schrecklicher Autounfall so viele das
Leben kostete.

Sie haben mich allein gelassen.

Diese einsame Nacht.

Ich begann eine Reise ohne meinen Vater und meine
Mutter,

die mich zwölf Jahre lang begleitet hatten.

Jetzt muss ich darum kämpfen, meine Bedürfnisse stillen
zu können.

Diese sorgenvolle Nacht.

Die Nacht, in der ich zur Waise wurde.

Es wurde immer schwerer, die Schulgebühren zusammen-
zubekommen.

Ich ging von Ost nach West und wusste nicht, wohin.

Ich kämpfe weiter.

Stelle mich den Herausforderungen meines täglichen Lebens.

Ich dachte, Bildung würde mein Leben verändern.

Aber wie die Schulgebühren bezahlen?

Einsames Leiden Tag und Nacht.

Was kann ich tun für ein besseres Leben?

Mädchenverhalten

In manchen Fällen ist der Alltag eines Mädchens eine
Freude.

Ein Leben voll von kulturellen und moralischen Werten.

Kleidung waschen, Geschirr spülen,

die eigene Kultur durch Geschichten kennenlernen,

ein schönes Leben.

Manche Mädchen lernen schlechte Angewohnheiten.

Sie beginnen, Drogen zu nehmen und zu rauchen.

Sie trinken Alkohol und hängen in Diskos ab.

Wer trägt die Schuld daran?

Das schlimmste ist aber, dass manche Mädchen große Risiken eingehen.

Risiken, die sie dann dem Virus aussetzen und ungewoll-
ten Schwangerschaften.

Manche Mädchen lehnen sich gegen ihre Eltern zu Hause
auf.

Sie weigern sich, die Hausarbeit zu erledigen.

Sie verplempern Ihre Zeit mit Musik hören und Dingen,
für die sie noch viel zu jung sind.

Warum Mädchen die Schule verlassen

Ich bin schwanger und ich denke über eine Abtreibung
nach.

Der Mann, den ich nur einmal getroffen habe,

nahm mich in seinem Auto mit und lud mich zum Mittag-
essen ein.

Alles geschah so schnell und ich stimmte zu.

Oh, ich werde nicht mehr zur Schule gehen.

In der Schule verletzen die Lehrer meine Gefühle.

Ich werde schlecht behandelt und geschlagen.

Ich frage mich, warum ich überhaupt zur Schule gehe,

wo ich nur leide und schlecht behandelt werde.

Oh, ich werde nicht mehr zur Schule gehen.

Meine Eltern zwingen mich zu einer frühen Ehe.

Die Armut zu Hause ist der Grund für all das.

Ich mache mir Sorgen, dass ich rausgeschmissen werde.

Ohne die Chance auf Zuflucht und Essen.

Oh, ich werde nicht mehr zur Schule gehen.

Auf meinem Weg wurde ich entführt.

Jetzt fühle ich mich isoliert.

Die Schmerzen, die ich erleide,

erleide ich jeden Tag und jede Nacht.

Oh, ich werde nicht mehr zur Schule gehen.

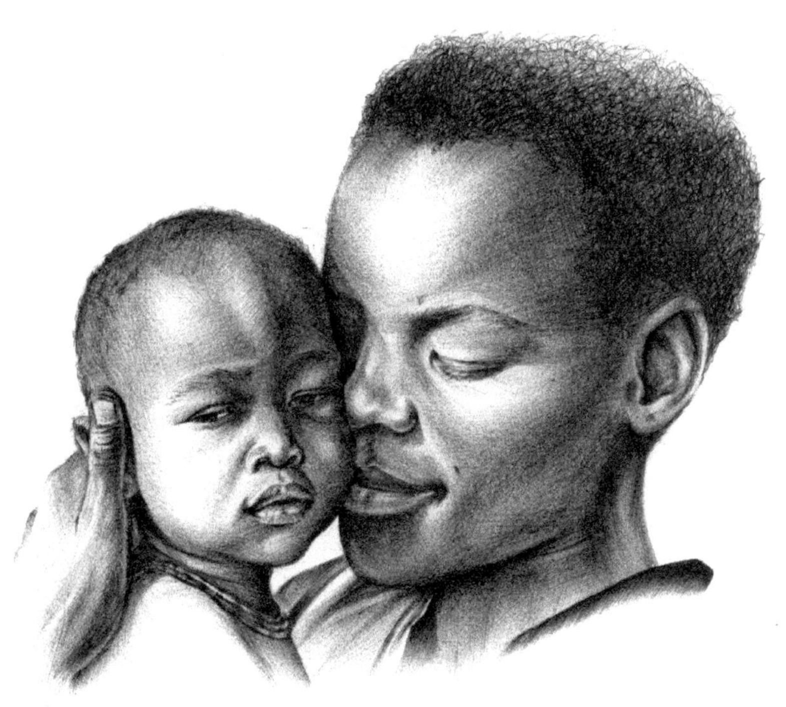

Wie ich eine Hure wurde

Ich wurde in die Armut geboren und sollte doch ein Engel werden.

Doch mit meinem ersten Atemzug fiel ich der Sünde anheim.

Ich war gezwungen, mich zu verkaufen, um meine Familie zu versorgen.

Mit 21 war ich erfahren in der Lust.

Erfüllte den Männern ihre Wünsche. Manche akzeptabel, manche nicht.

Es ist nur ein Job, mehr nicht.

Ich hatte dieselben Träume wie alle jungen Mädchen.

Als Prinzessin aufwachsen und den Prinzen heiraten.

Aber das stand nicht in meinen Karten.

Meine Flügel und mein Heiligenschein wurden in jungen Jahren gebrochen.

In die Sexsklaverei verkauft mit 12 Jahren.

Armut heißt die Krankheit, die mich in die Prostitution zwang.

So verdiene ich das Geld, um meine Kinder zu ernähren,
ihre Schule zu bezahlen und die Miete.

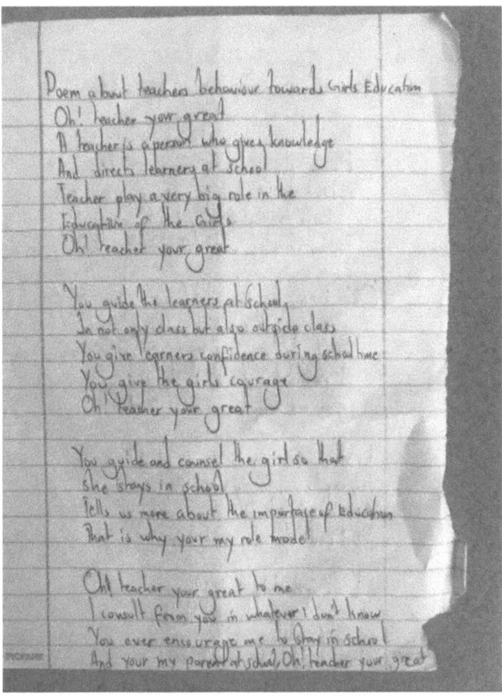

Wie eine afrikanische Frau lebt

Die afrikanische Frau leidet unter der Armut anders als andere.

Sie leidet Schmerzen anders.

Sie hat andere Sorgen.

Manchmal weint sie.

Zum Beispiel wegen des Todes.

Die Tochter Afrikas geht morgens in den Garten, um Getreide zu pflanzen,

um die Kleinen während der Trockenheit versorgen zu können.

Manchmal sucht sie sich einfache Jobs, um Geld für das Nötigste zu verdienen.

Sie ist die beste aller Mütter.

Die beste Schwester und Tante.

Die Pflegerin ihres Landes

Ihre Schönheit spiegelt sich in ihrem ganzen Wesen wider.

Die afrikanische Frau ist das Abbild einer Königin.

Der Augapfel eines Königs.

Sie ist wie eine wunderschöne Blume, die jeden Menschen erfreut.

Oh, welch ein hart arbeitendes Geschöpf ist die afrikanische Frau.

Das Leben

Die afrikanische Frau wurde lebend geboren!

Sie ist die wahre Afrikanerin.

Sie ist die, die ihr Leben mit Glück erfüllt.

Die Liebe ihres unbesiegbaren Lebens.

Sie ist die, die ein Leben voll Leiden führt.

Die afrikanische Frau wurde lebend geboren!

Ihr Leben ist voll von Gesundheit.

Ihre Energie ist inspirierend.

Ihr Leben ist beispielhaft.

Ihr Leben ist voll von Leid.

Ihr Leben ist voll von Schmerz.

Aber all das kann sie nicht davon abhalten zu leben!

Aus dem Schmerz erwächst Gewinn!

Sie ist immer da, um anderer Leben zu retten.

Ihr Leben ist voller Liebe und Mitgefühl:

Die Liebe macht ihr Leben einfacher,

das Mitgefühl macht ihr Leben gut.

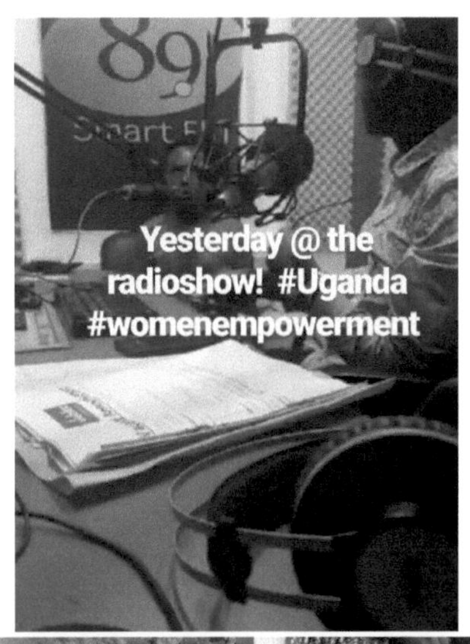
Yesterday @ the radioshow! #Uganda #womenempowerment

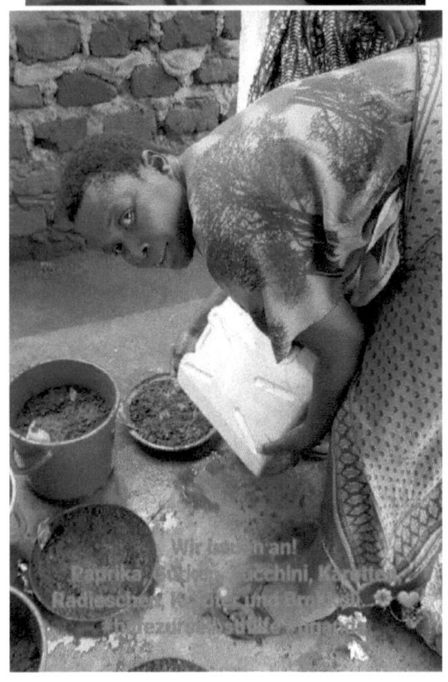

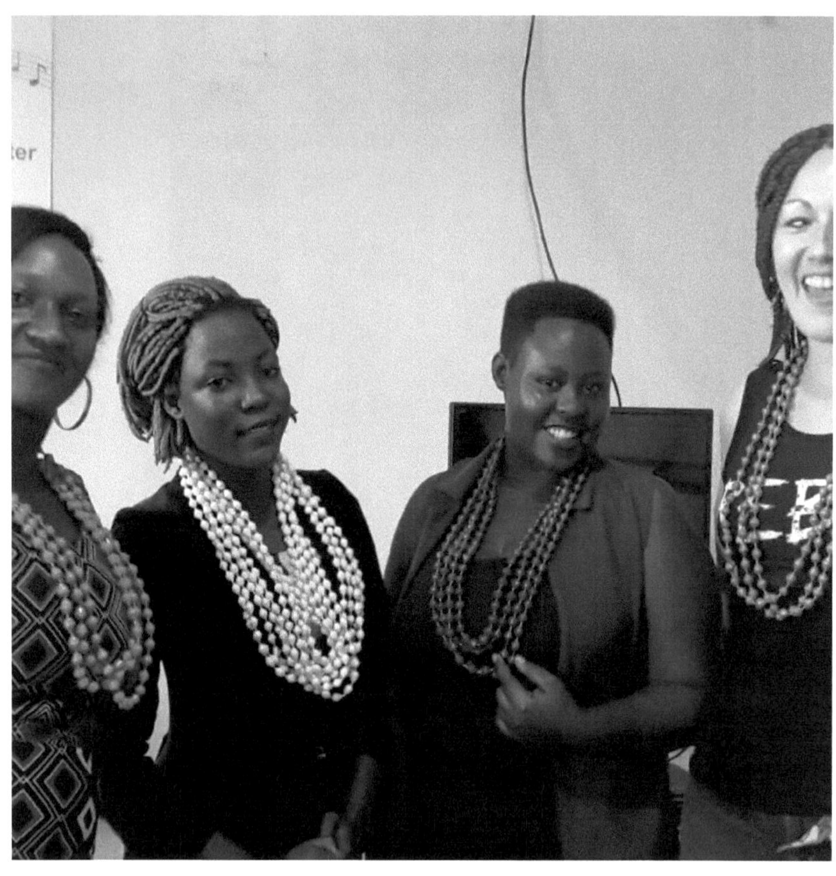

Prostitution

Prostitution ist die gefährlichste Arbeit überhaupt!

Aber Frauen müssen überleben.

Tag und Nacht prostituieren sie sich auf den Straßen.

Im Namen des Wohlstands?

Geld für ein besseres Leben - das Geld des Teufels!

Was sollen wir tun, um die Prostitution zu bekämpfen?

Wir können nicht mehr zusehen!

Wir haben versucht es zu verhindern, aber wir sind ge-
scheitert.

Prostitution benachteiligt alle Frauen und die nächsten
Generationen.

Viele alleinerziehende Mütter arbeiten als Prostituierte -
für das Leben ihrer Kinder und ihr eigenes.

Kein einziger Mann muss das tun, nur wir Frauen!

Wir sollten Frauen aufklären und ihnen helfen, ihre
Würde zu bewahren.

Wir dürfen nicht wegsehen, wenn Huren auf unseren
Straßen zu Grunde gehen!

Probleme

35

Die afrikanische Frau muss alles alleine lösen, keiner hilft ihr.

Sie wankt nicht, weint nicht und vergisst das Fluchen.

Sie gibt ihr Bestes um ruhig zu bleiben und das Problem zu lösen.

Sie gibt alles - komme was wolle!

Manchmal schafft sie es, aber wenn es zu schwierig wird, betet sie, ruht sich aus und lässt den Dingen ihren Lauf.

Sie trägt die Hoffnung in sich, dass am nächsten Tag wieder alles gut ist und betet unaufhörlich zu Gott.

Ihr Gott, der ihr in schweren Zeiten zur Seite steht.

Nur ein Kind

Tage von Höllenqualen,

geprägt von Trauer.

Trauer in unseren Herzen und Seelen-

Seelen die betrogen wurden.

Die Sehnsucht plagt die Kleinsten!

Ich weine, weine, weine!

Kinder weinen bis zum Sonnenuntergang.

Provoziert, unterdrückt, ausgebeutet.

Kinder werden wie Ware behandelt.

Wie Kekse, Smartphones und andere Waren.

Es ist Horror!

Heirate ihn, geh zu ihm!

Er hat ein großes Auto und eine herrschaftliche Villa,
Kühe und Ziegen.

Meine Rechte als Kind wurden vergessen.

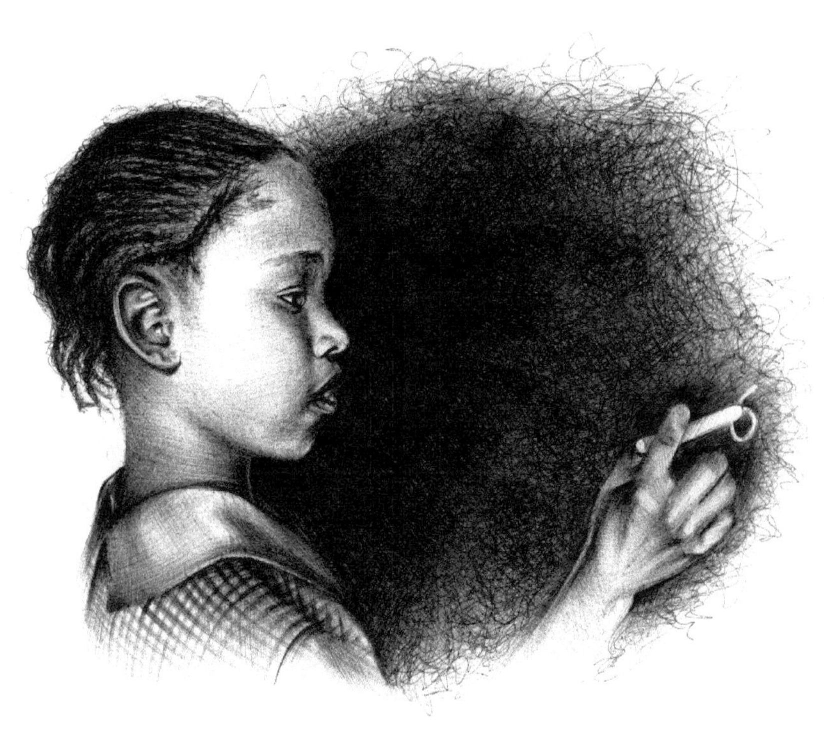

Das Wesen

Die afrikanische Frau ist eine Königin,

nach der sich jeder König sehnt.

Sie ist Symbol für wahre Leidenschaft und das Sinnbild
der Liebe.

Oh, afrikanische Frau, dein Wesen ist begehrenswert!

Du zeigst gerne wie wundervoll du bist.

Kleidest dich in deinen Farben und Formen für das schöne
Leben.

Oh, afrikanische Frau, dein Wesen ist begehrenswert!

Afrikanerinnen bewundere ich.

Jeder fragt sie um Rat und sie ist sehr hilfsbereit.

Oh, afrikanische Frau, dein Wesen ist begehrenswert!

Ihr Afrikanerinnen, ich frage mich, was ihr seid!

Ihr seid die Antwort auf alle Fragen.

Ihr seid keine Einbildung.

Oh, afrikanische Frau, deine Wesen ist begehrenswert!

Häusliche Gewalt

40

Das Weinen der afrikanischen Frau ist laut, aber niemand hört sie.

Leid und schlechte Behandlung gehören dazu.

Tag und Nacht rufe ich um Hilfe.

Weine nicht!

Du musst stark bleiben!

Wer trägt die Schuld?

Politiker? Verwandte? Wir selbst?

Sollten wir einfach wegsehen und leiden?

Ich lebe in großer Unsicherheit.

Ich weiß nicht, ob ich friedlich schlafen kann.

Ich weiß nicht, ob es mir erlaubt ist, Entscheidungen zu treffen.

Die Gewalt bringt mich um.

Sie muss bekämpft werden!

Lasst uns die Gewalt stoppen, Mädchen bilden und ein
starker Kontinent wird entstehen.

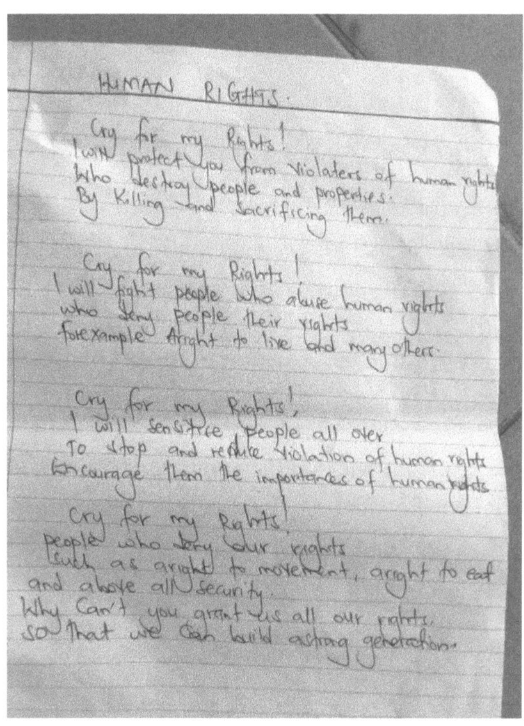

Unglück

42

Ich bin ein stolzer Mensch, 18 Jahre alt und ich habe realisiert, wie unglücklich ich bin, eine Frau zu sein.

Es gibt es viel Unglück, dem wir tagtäglich ausgesetzt sind.

Schwangere erleiden Fehlgeburten durch die schwere Arbeit die sie verrichten müssen.

Die afrikanische Frau ist die Herrin im Haus. Aber das Kochen auf diese Weise birgt viele Gefahren - sie verbrennt sich oft an den heißen Dämpfen.

Manche Frauen sterben bei einem Autorennen, an dem sie gezwungen werden teilzunehmen.

Manchmal sterben wir in unserem eigenen Haus, weil wir gegen die Unterdrückung unserer Männer kämpfen und den Kampf verlieren...

Aufgaben

43

Manchmal frage ich mich, wie die afrikanische Frau ihre
Aufgaben meistert!

Du bist gut darin, die verschiedenen Aufgaben zu meis-
tern.

Du bist in der Politik, wie die Männer.

Du arbeitest in Büros, wie die Männer.

Oh, afrikanische Frau, du bist groß!

Wenn es darum geht die Familie zu versorgen, bist du
besser als ein Mann.

Du kannst alles schaffen!

Oh, afrikanische Frau, du bist wichtig!

Tag und Nacht sorgst du für alle und kämpfst um das Leben deiner Lieben.

Wir sind stark - stärker als ein Mann.

Die Rechte der Kinder

Oh wie wenig wusste ich doch über die Werte meiner Eltern, bevor sie die Erde verließen.

Vater, warum hast du dich für so viele Frauen und Kinder
entschieden?

Polygame Ehen sind eine Täuschung und werden als Se-
gen getarnt.

Mein Vater bekam Aids, weil er mit vielen Frauen Sex
hatte.

Tränen kullern langsam über meine Wangen.

Ich wurde zurück gelassen mit einer teuflischen Stiefmut-
ter.

Sie gab mir nichts zu essen, man konnte meine Rippen
zählen!

Ich weiß, es klingt unvorstellbar, aber es ist wahr.

Sie redete schlecht von mir und machte alles kaputt.

Wo waren meine Rechte?

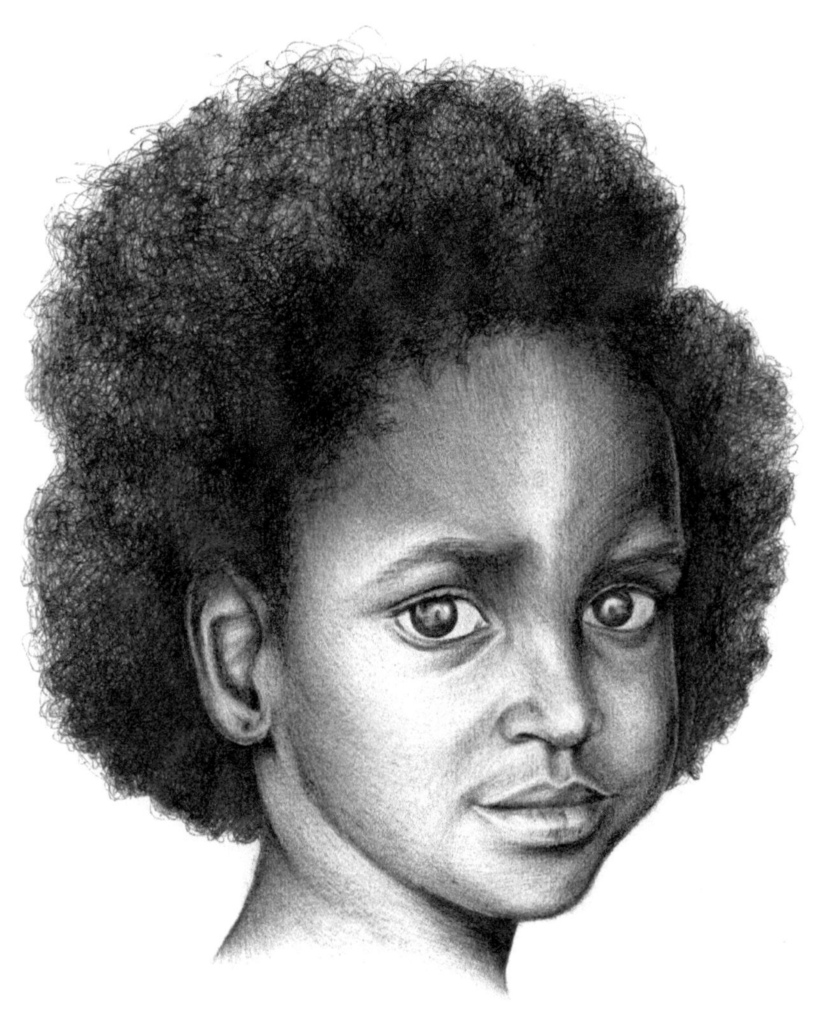

Stolz

Eine afrikanische Frau ist gutaussehend, sie ist sehr attraktiv und wir wissen um die Tatsache, dass unsere Besonderheiten zum Sterben schön sind!

Ein wunderschönes Gesicht, aufregende Kurven und viel Erotik.

Eine afrikanische Frau arbeitet hart.

Es ist ein Irrtum, dass afrikanische Frauen nur darauf aus sind, online nach Männern zu suchen, die finanziell für sie aufkommen.

Eine afrikanische Frau spricht gut englisch.

Wenn sie sich nur ein wenig Mühe gibt, wird sie die Sprache wie ihre Muttersprache sprechen.

Jede afrikanische Frau respektiert ihre Schwiegereltern und den kulturellen Glauben.

Ich bin stolz Afrikanerin zu sein!

Dresscode

Oh, afrikanische Frau, wie wundervoll du dich kleidest!

In der afrikanischen Kultur zieht man sich ordentlich an.

Du bringst deine Liebe für Afrika zum Ausdruck.

Oh, afrikanische Frau, wie wundervoll du dich kleidest!

In der afrikanischen Kultur kleidet sich jeder Stamm unterschiedlich.

Die afrikanische Frau ist das Juwel der Kultur!

Du bringst deine Liebe für unseren Kontinent zum Ausdruck.

Oh, afrikanische Frau, wie wundervoll du dich kleidest!

Viele verschiedene Muster zeigen die Bandbreite afrikanischer Liebe.

Wunderschönes Afrika!

Oh, afrikanische Frau, wie wundervoll du dich kleidest!

Du schaust nicht nach westlichen Kulturen - die afrikanische Mode ist dein Ideal.

Du bist so attraktiv und bringst deine Liebe für Afrika zum
Ausdruck.

Keine Zukunft

Es gibt eine Zeit zum Spielen und eine Zeit zum Lernen.

Ihre Eltern sagten ihr: Mache dir das zur wichtigsten Regel!

Sie ignorierte alles!

Wie soll Bildung denn die große Veränderung sein?

Nun weint sie bittere Tränen.

Jetzt muss sie stehlen - ja, sie ist ein Dieb geworden!

Keine Bildung, keine Zukunft.

Ihre Freundinnen bekommen gute Jobs in reichen Ländern.

Der größte Wunsch: wieder Schülerin zu sein.

Sie wünscht sich ein Talent zu haben.

Sie hatte mal eins...

Jetzt gibt es kein Schreien und Klagen mehr,

denn sie weiß, was sie angerichtet hat -

sie hat die Schule verlassen.

Über das Leid einer Kämpferin

Manchmal denke ich, dass afrikanische Frauen geborene
Kämpferinnen sind.

Das Leid welches sie durchleben, macht sie zu den Bes-
ten.

Die afrikanischen Frauen leiden vom Morgengrauen bis
zum Sonnenuntergang.

Afrikanische Frauen wurden von der Unabhängigkeit vergessen!

Sie streben nach Gleichheit.

Sie kämpfen weiter!

Die afrikanischen Frauen verdienen Applaus für die Erzie-
hung und Fürsorge ihrer Kinder!

Sie geben alles, um ihren Kindern eine bessere Zukunft zu
ermöglichen.

So wundervoll sind die Frauen Afrikas!

Wir sind alleinerziehend und Kämpferinnen.

Wir kämpfen für unseren Kontinent.

Wir kämpfen für Lösungen.

Wir kämpfen für Respekt.

Arme afrikanische Frau

52

Oh, du arme afrikanische Frau,

wie leid du mir tust!

Du leidest, weil du deine Eltern verloren hast.

Du bist ein Niemand, weil du alleine bist.

Oh, du arme afrikanische Frau,

du lebst in einer Müllhalde.

Dein Frühstück und Abendessen ist Dreck.

Ich hoffe du wirst davon nicht krank.

Oh du arme afrikanisch Frau,

du besitzt keine gute Kleidung, um dich bei schlechtem
Wetter zu schützen,

kein Haus in dem du schlafen kannst, nur das Gebüsch.

Aber Sorge dich nicht, immerhin hat Gott dir das Leben
geschenkt!

Oh du arme afrikanische Frau,

manchmal musst du weit laufen, um etwas Essbares zu finden.

Du wurdest schon von Leuten verprügelt, für die bist du nur Dreck.

Vertraue mir, Gott sieht alles und hört deine Gebete.

Kinderrechte

Kinderrechte - die Grundlage für entspanntes Lernen.

Bildung, was bist du für ein guter Freund!

Kinderrechte - der Schatz meiner Eltern.

Liebe, was bist du für ein guter Freund!

Kinderrechte - Erwachsene, nehmt den Druck von uns.

Zeit, was bist du für ein guter Freund!

Brüder und Schwestern, lasst uns Hand in Hand gehen,

um Kindern ihre Rechte zuzugestehen!

Gute Freunde gehen Hand in Hand für eine bessere Zukunft.

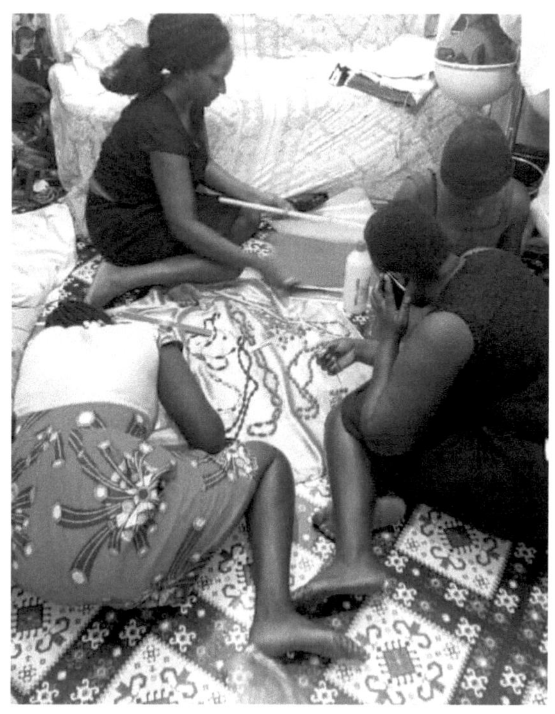

Schönheit

Die Schönheit afrikanischer Frauen ist besonders.

Strahlende Augen und Zähne wie Perlen.

Sieh die Schönheit ihrer Haare und das Lächeln, das sie so
oft verschenken.

Die Schönheit afrikanischer Frauen ist besonders.

Wie das Gemälde einer Königin, in den Augen ihres Königs.

Sie ist eine Blume und ihre dunkle Haut ist wunderschön.

Die Schönheit afrikanischer Frauen ist besonders.

Schwarze Schönheit nennt man dich!

Die Schönheit afrikanischer Frauen ist besonders.

Sei stolz auf deine Hautfarbe!

Vergiss niemals deine Schönheit und Anmut.

Spendenkonto:

„Sounds of Hope"
Sparkasse Miltenberg-Obernburg
DE12 7965 0000 0501 5662 85♥

DANKE.

Xenia Hügel

www.neuelyrikblog.wordpress.com

Impressum: www.xeniahuegel.de

www.soundsofhopeinternational.wordpress.com

Facebook + Instagram: Xenia Hügel